THIS IS

VOLUME 2

THIS BOOK BELONGS TO

____

SPOT

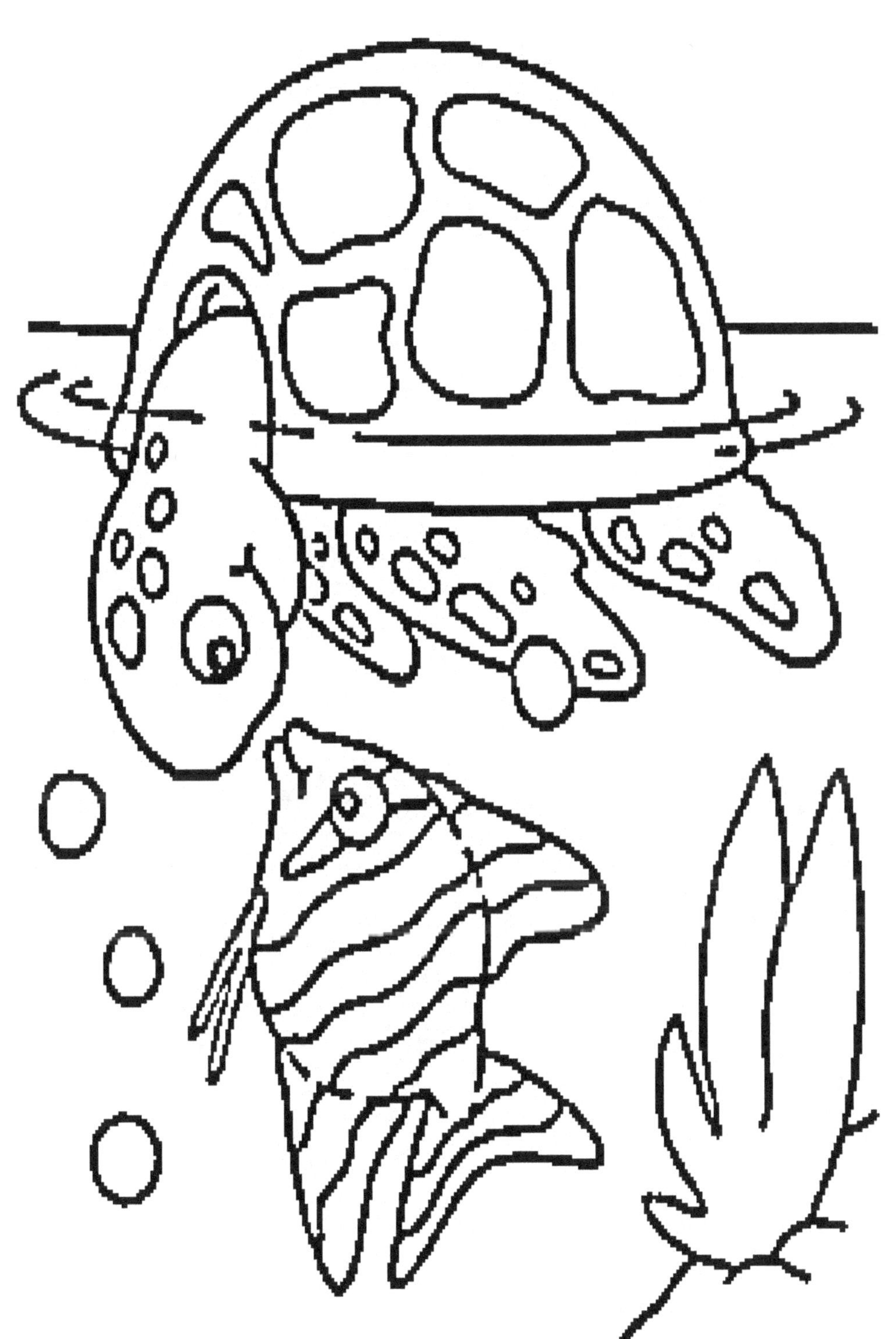

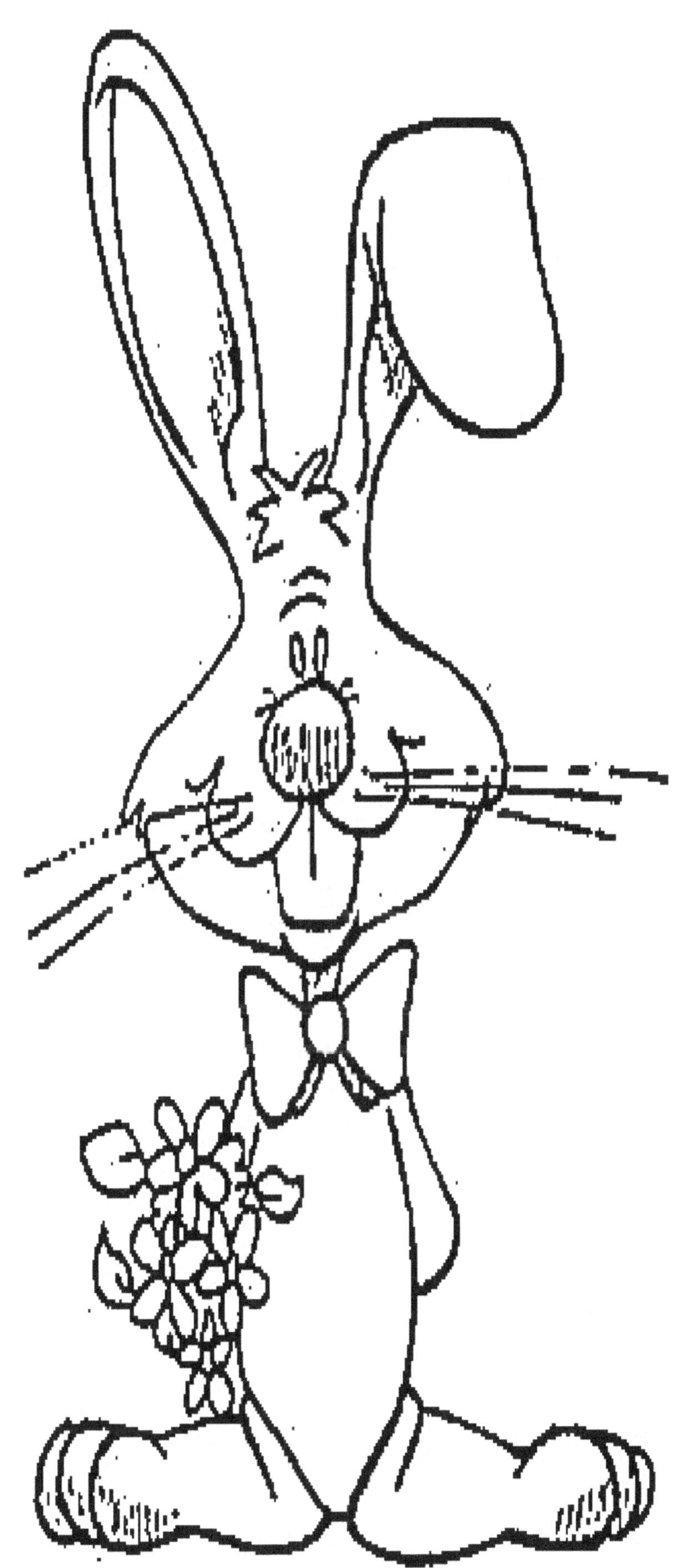

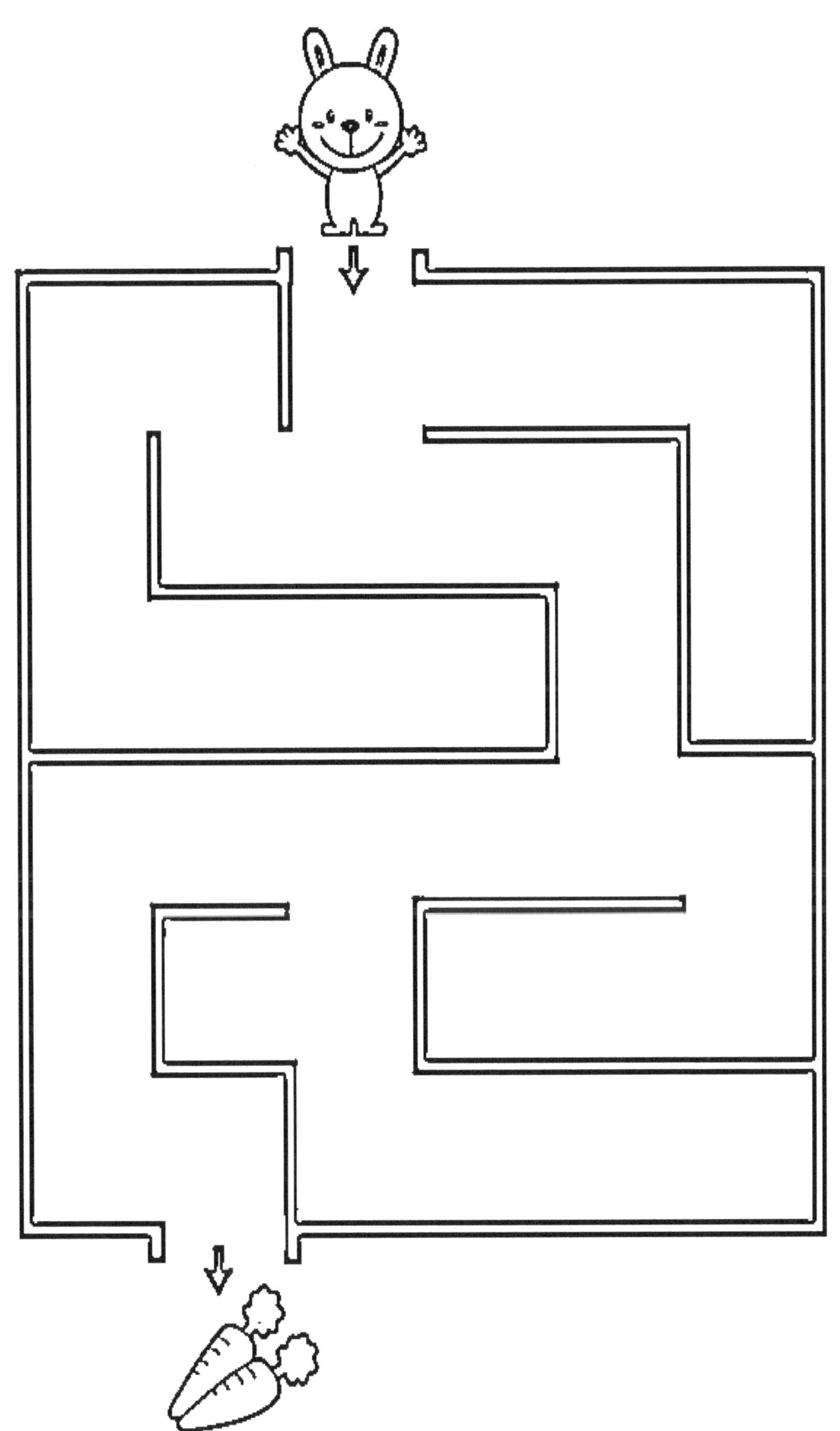

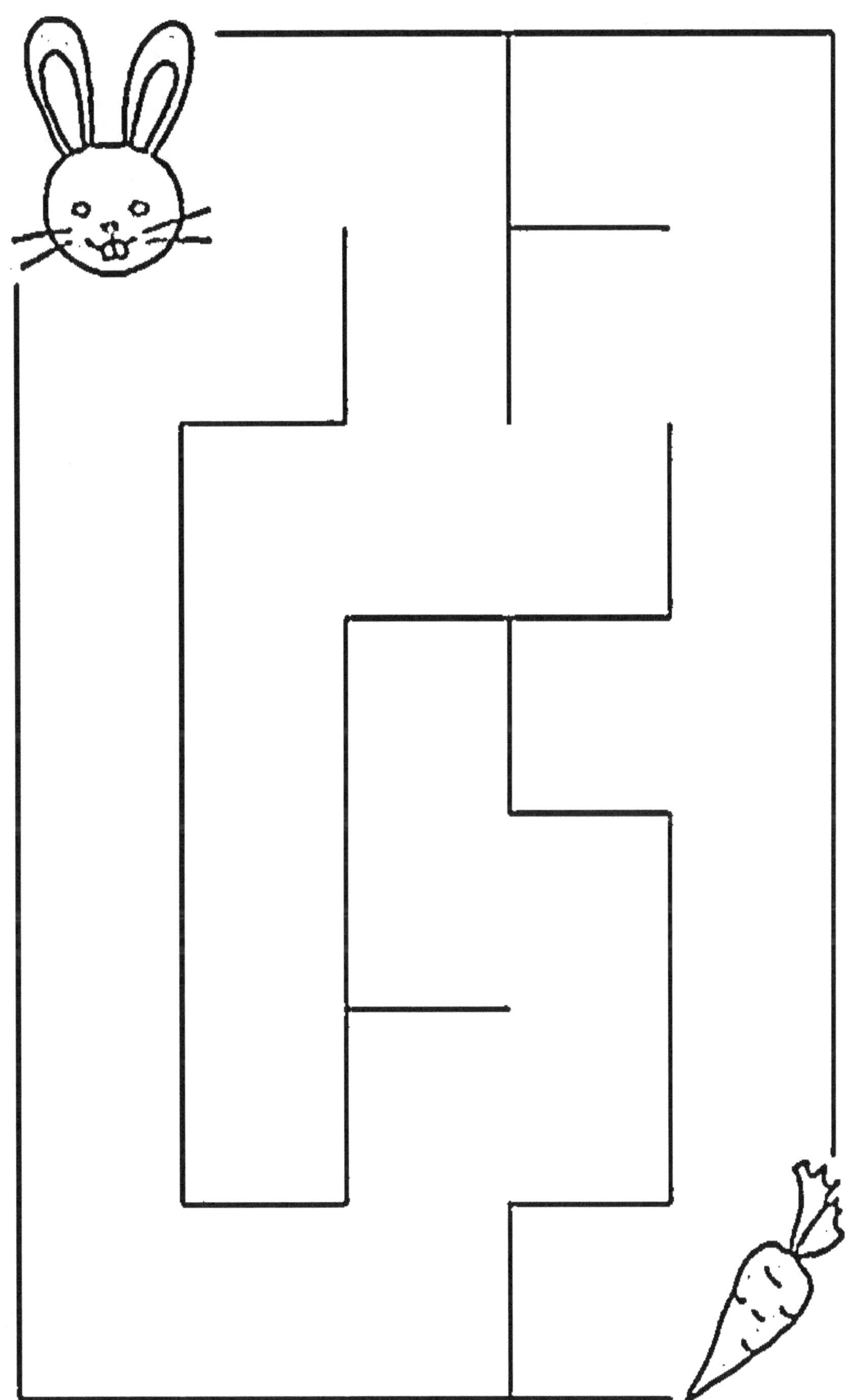

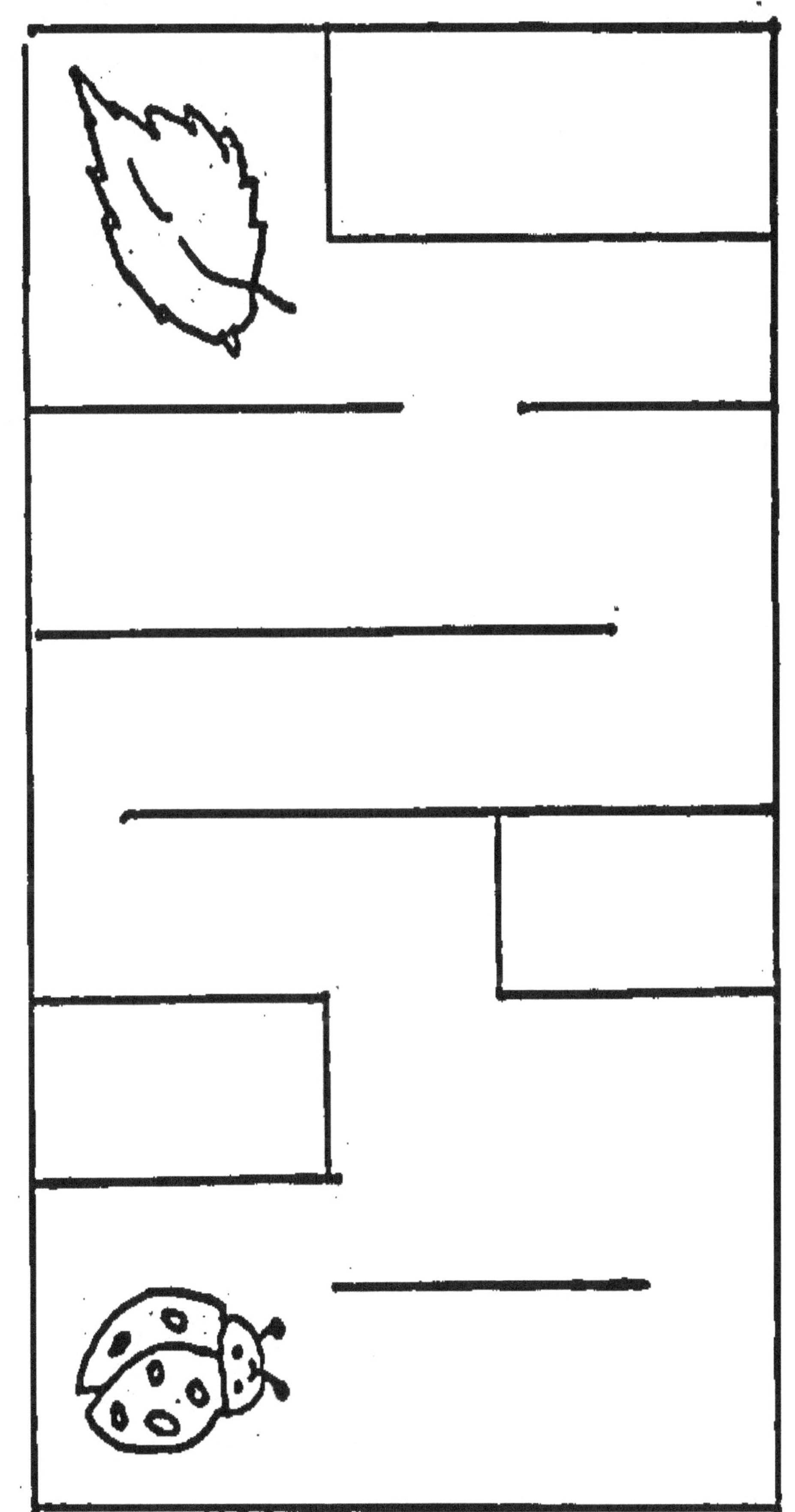

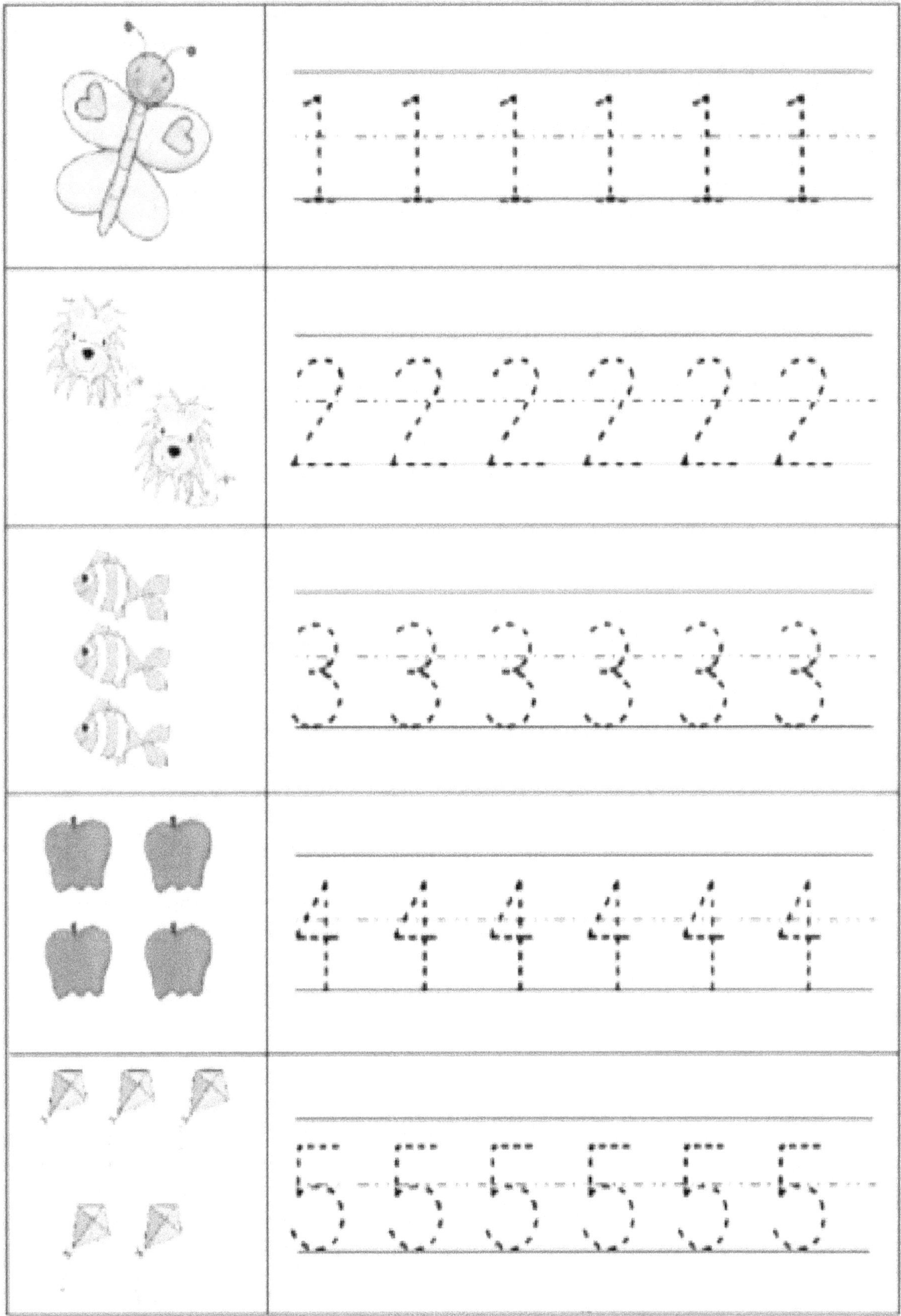

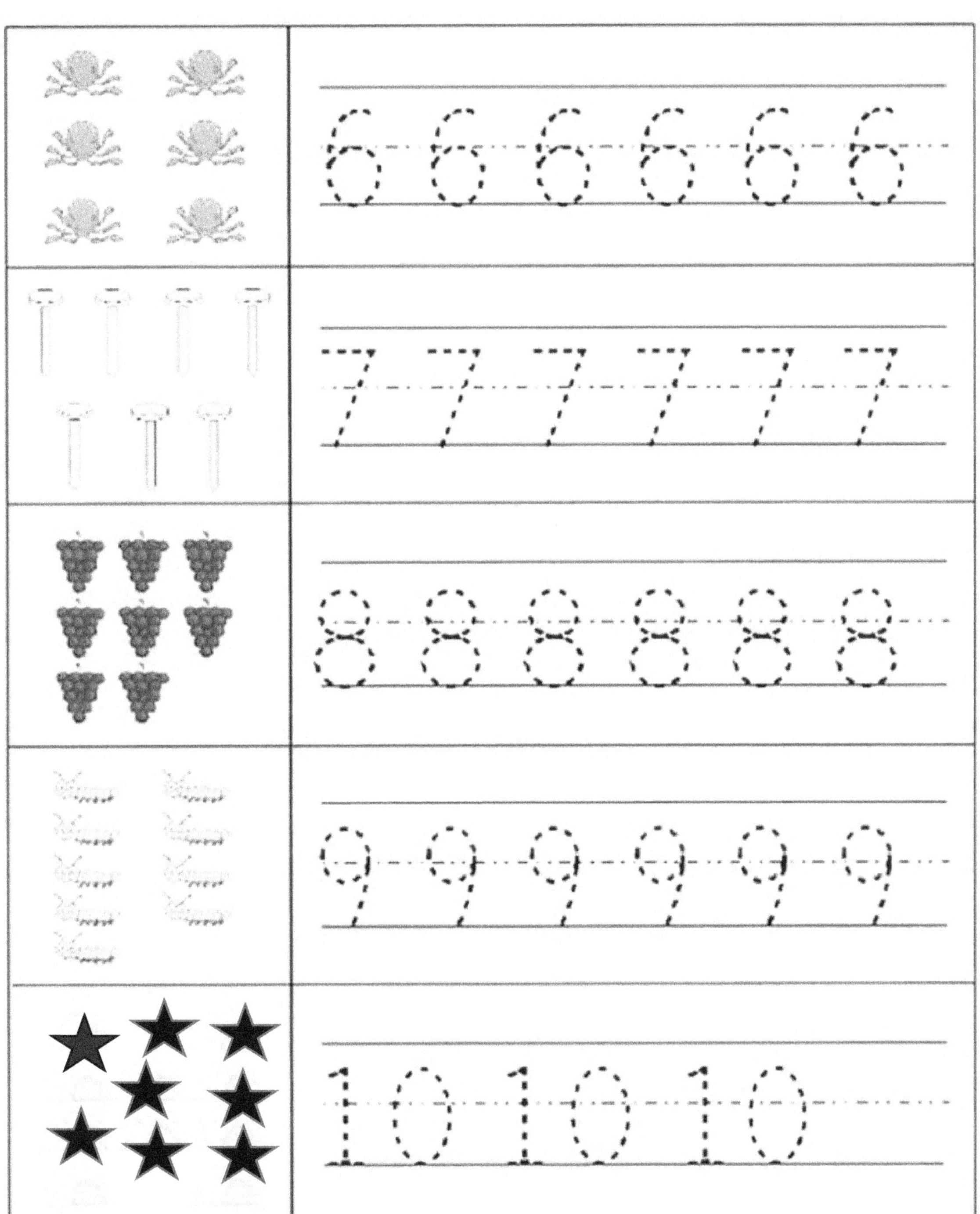

A A a a
A A a a
A A a a
A A a a
A A a a
A A a a
A A a a

B B b b

B B b b

B B b b

B B b b

B B b b

B B b b

B B b b

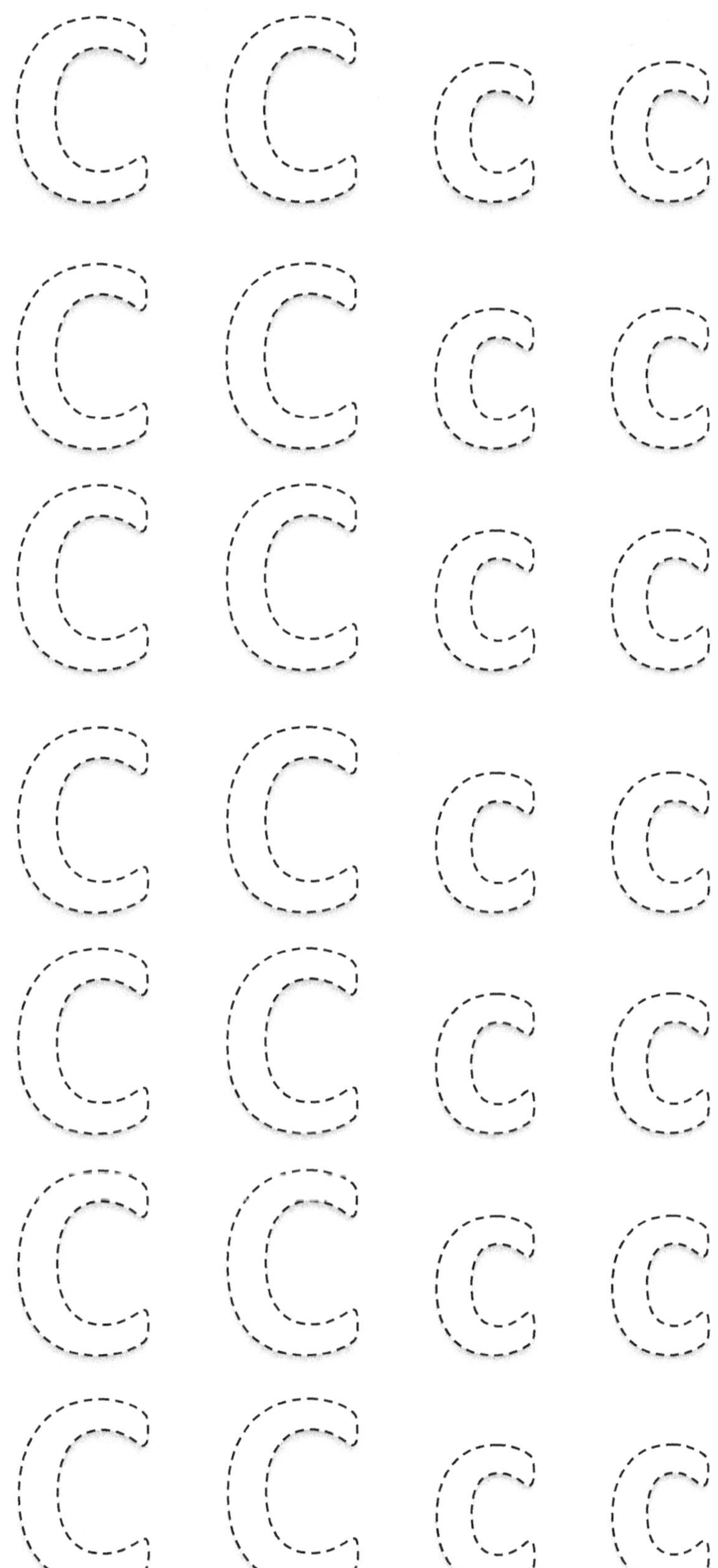

D D d d
D D d d
D D d d
D D d d
D D d d
D D d d
D D d d

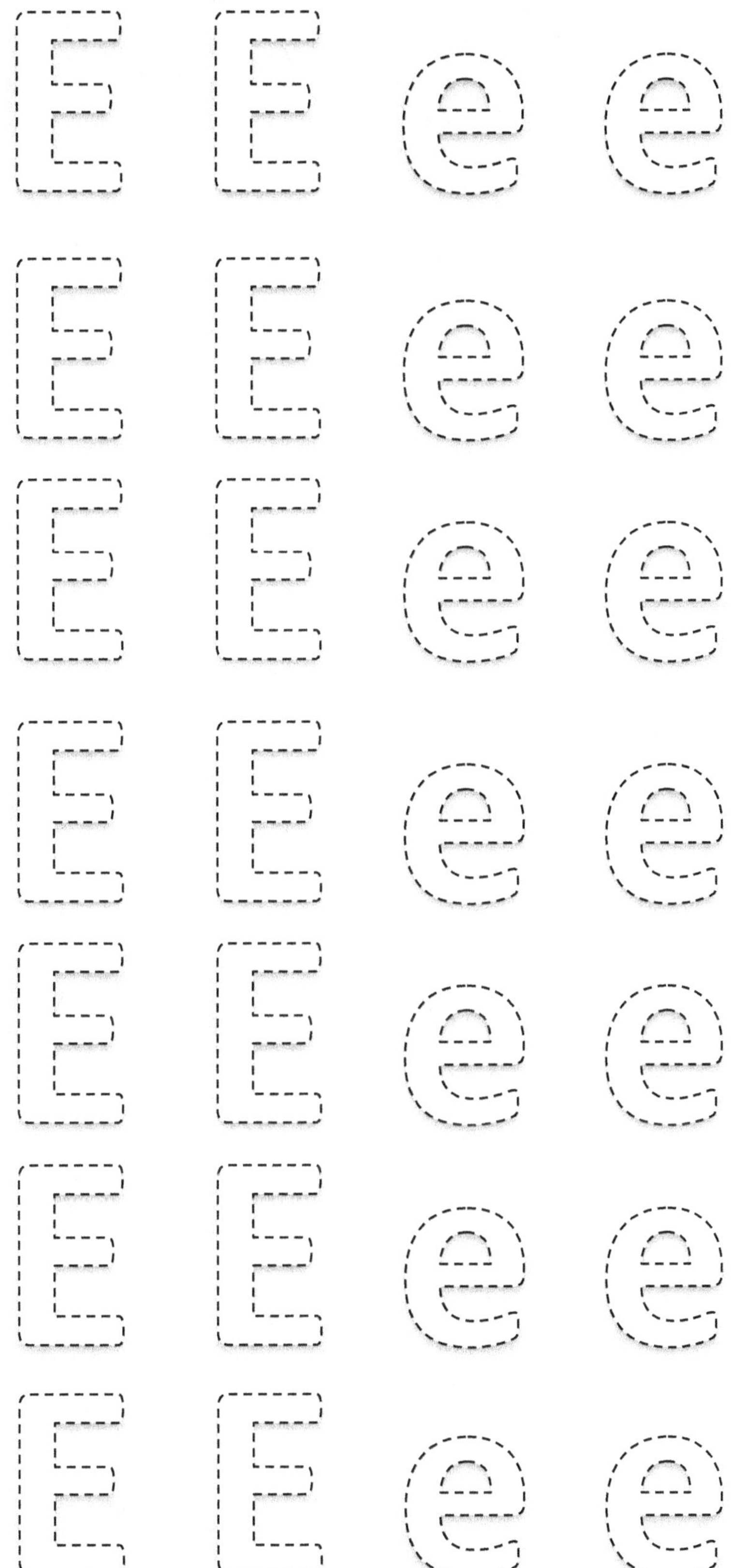

H H h h
H H h h
H H h h
H H h h
H H h h
H H h h
H H h h

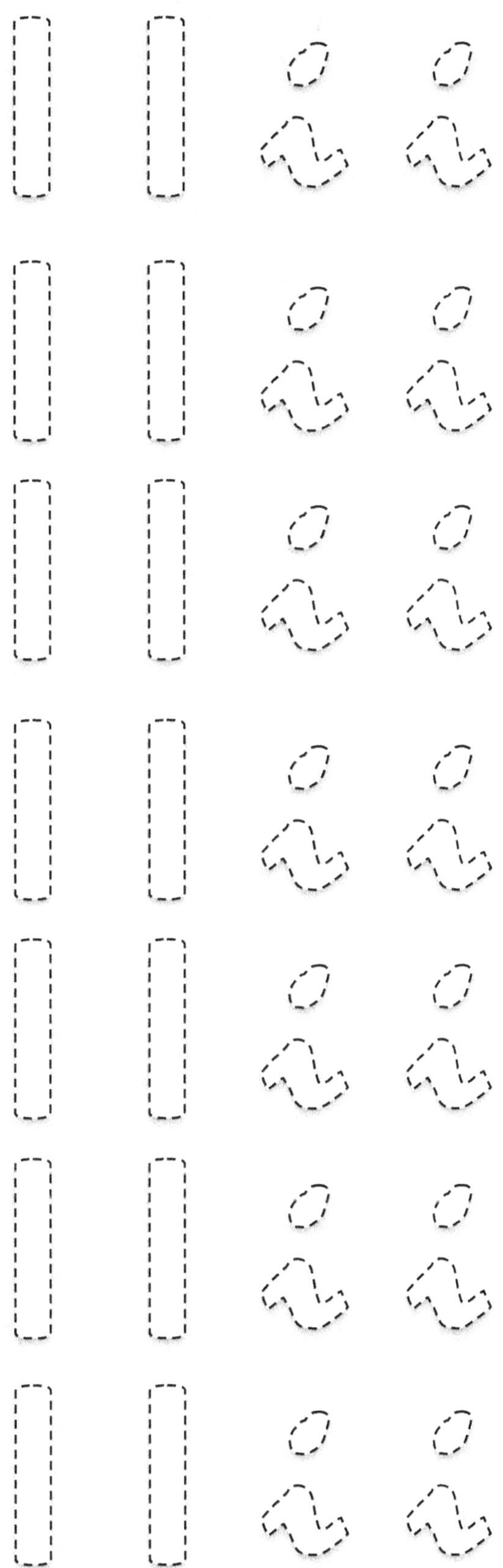

J J j j

J J j j

J J j j

J J j j

J J j j

J J j j

K K k k

K K k k

K K k k

K K k k

K K k k

K K k k

K K k k

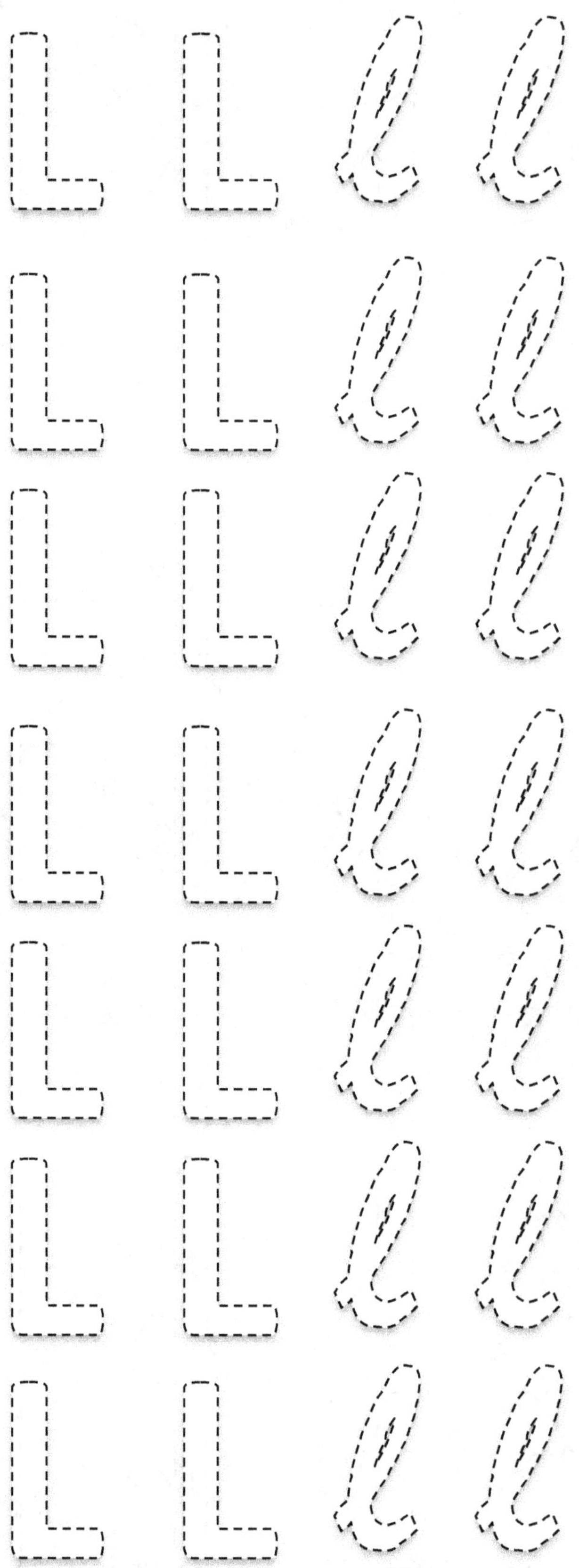

M   M   m   m

M   M   m   m

M   M   m   m

M   M   m   m

M   M   m   m

M   M   m   m

M   M   m   m

N N n n

N N n n

N N n n

N N n n

N N n n

N N n n

N N n n

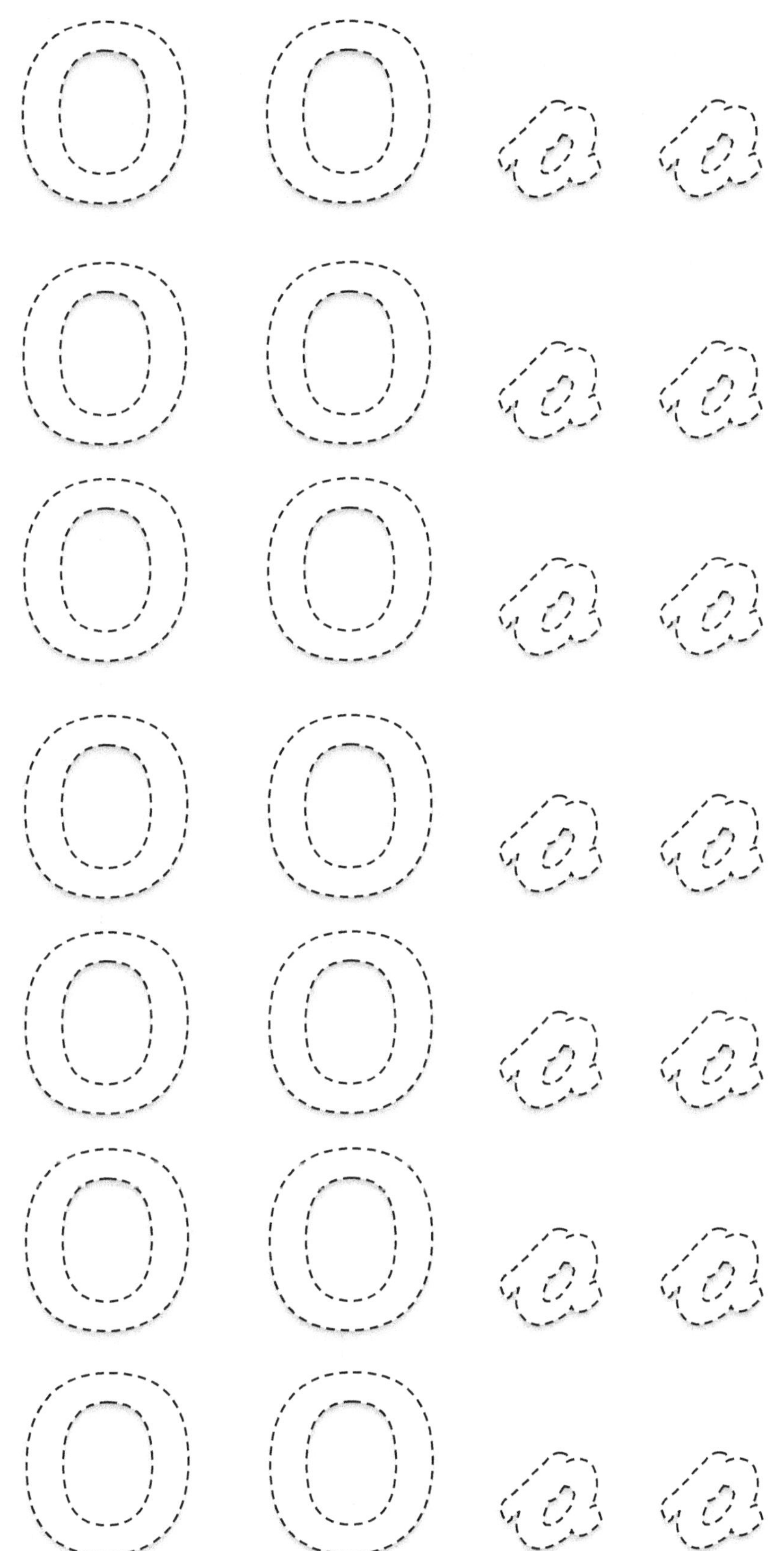

P P p p
P P p p
P P p p
P P p p
P P p p
P P p p
P P p p

R R r r

R R r r

R R r r

R R r r

R R r r

R R r r

R R r r

S S S S
S S S S
S S S S
S S S S
S S S S
S S S S
S S S S

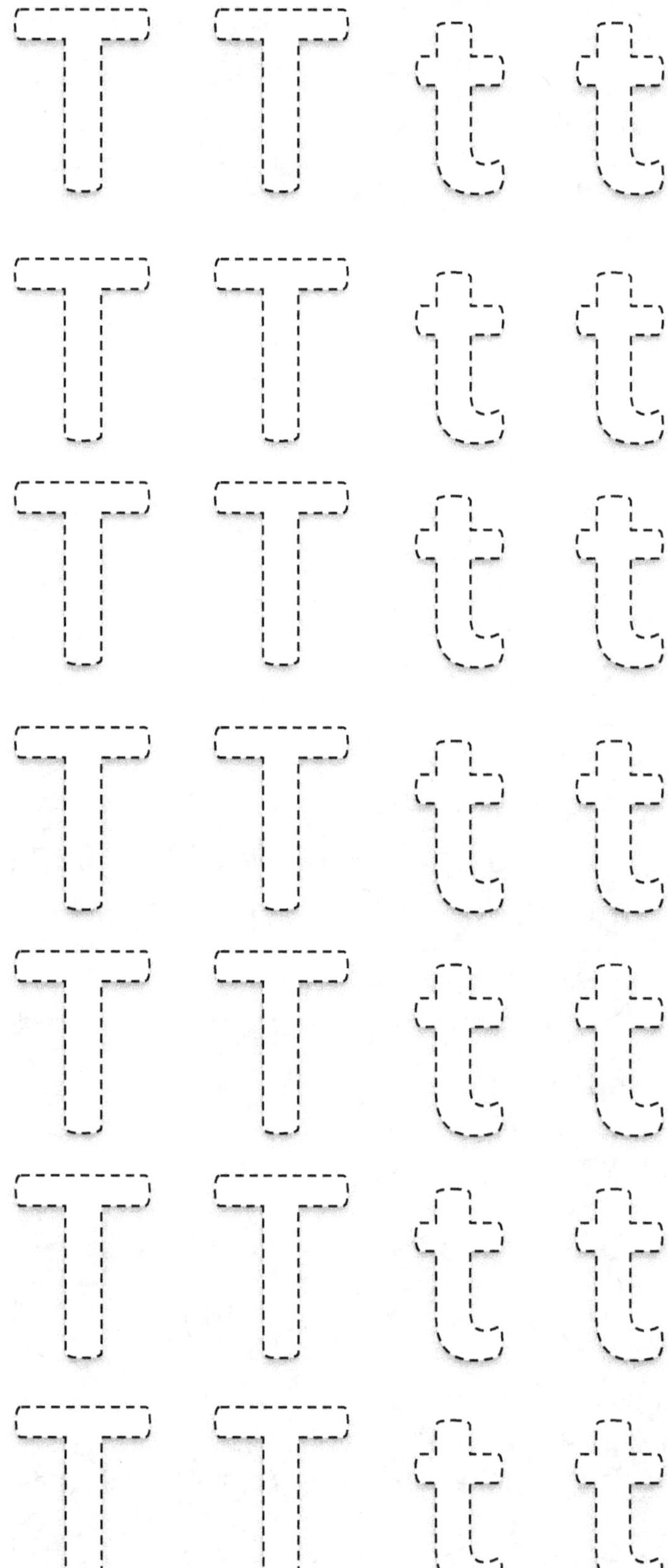

W W W W

W W W W

W W W W

W W W W

W W W W

W W W W

W W W W

Z Z Z Z
Z Z Z Z
Z Z Z Z
Z Z Z Z
Z Z Z Z
Z Z Z Z
Z Z Z Z

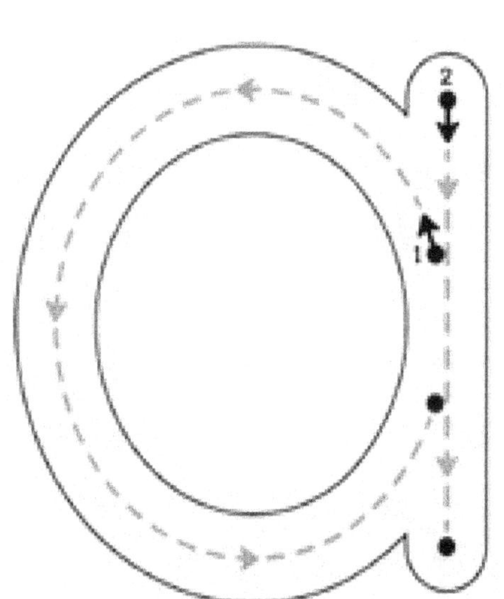

is for

apple

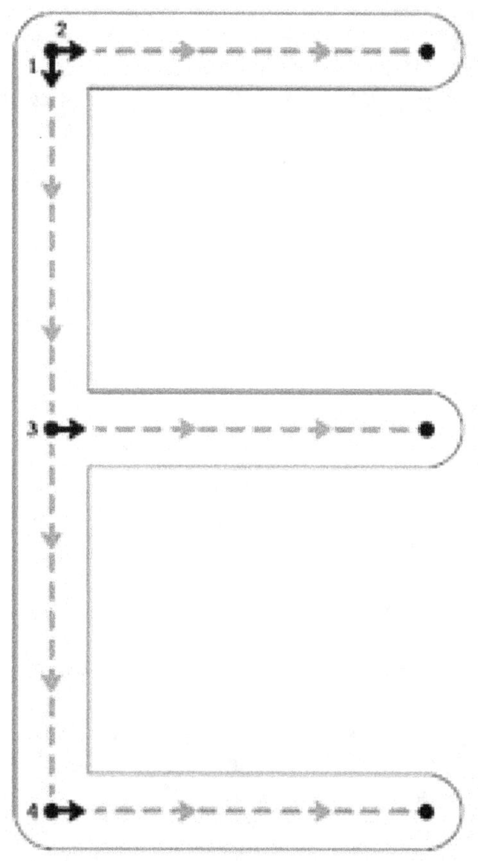

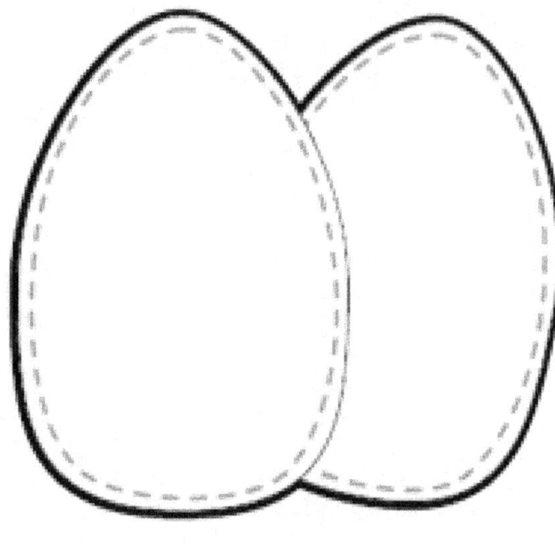

IS FOR

EGGS

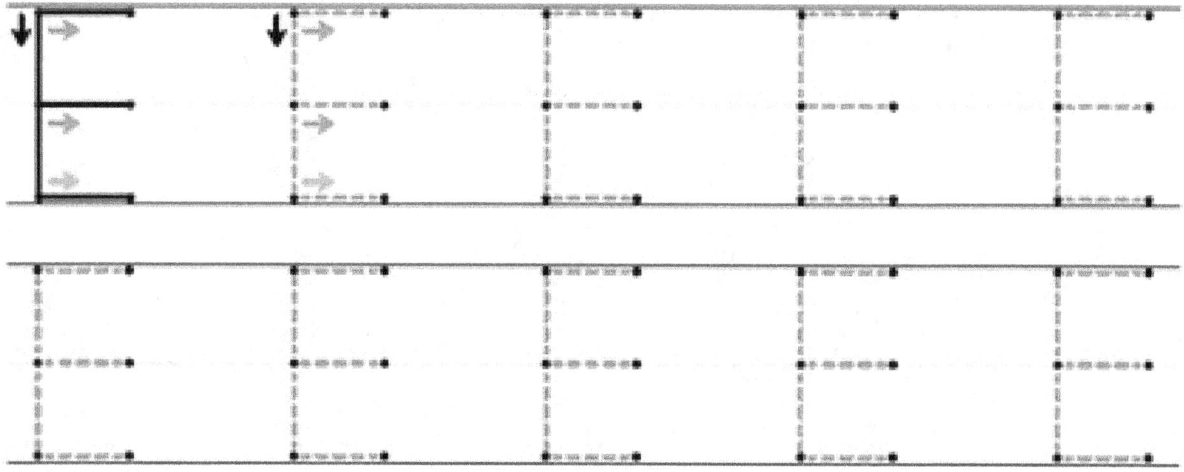

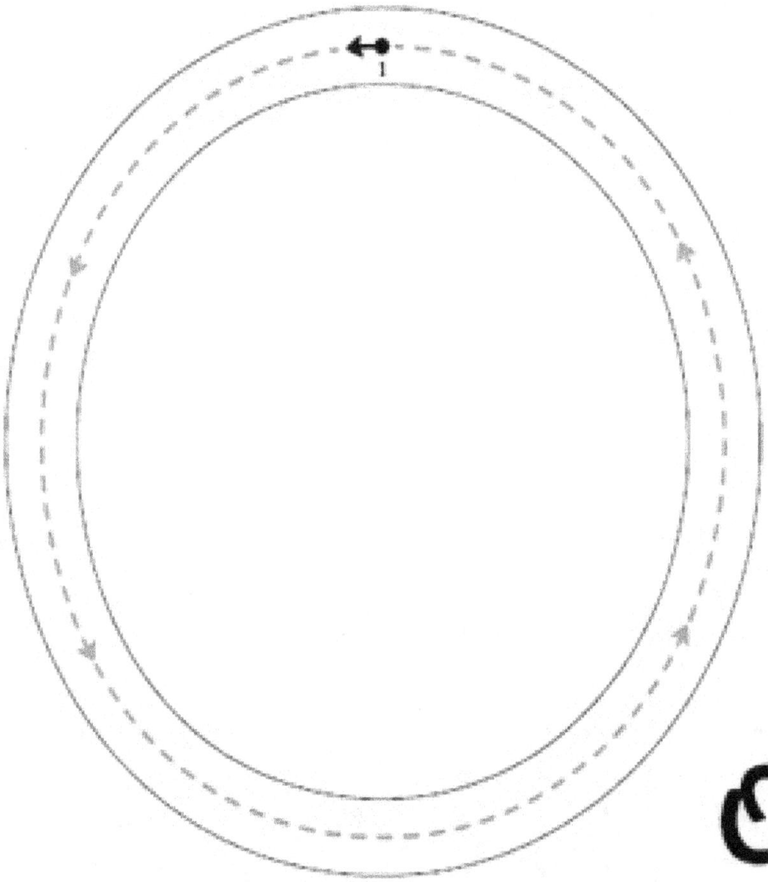

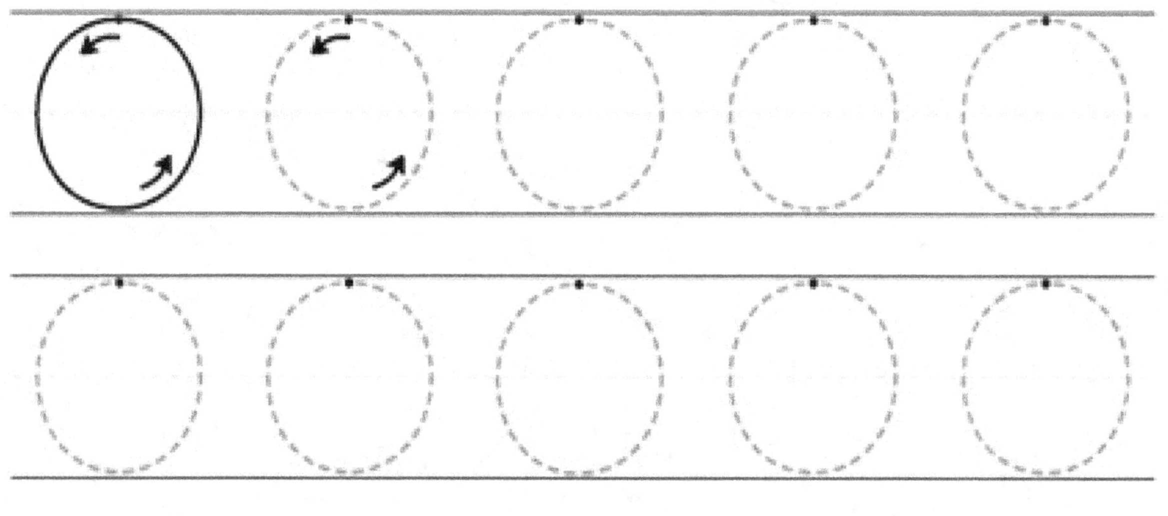

IS FOR

ORANGE

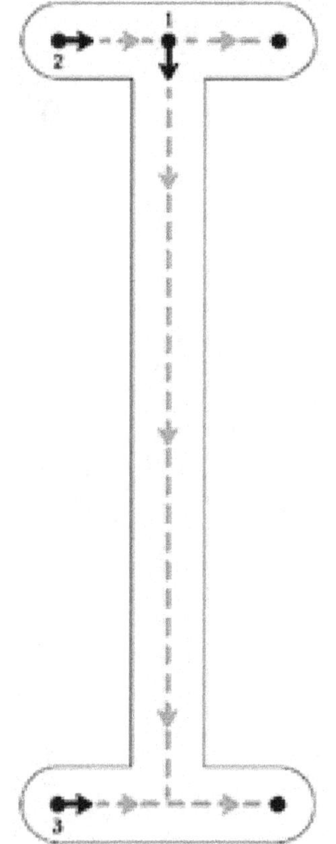

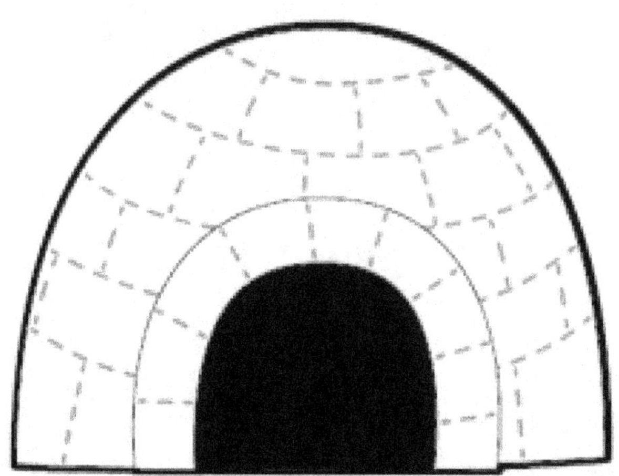

IS FOR
IGLOO

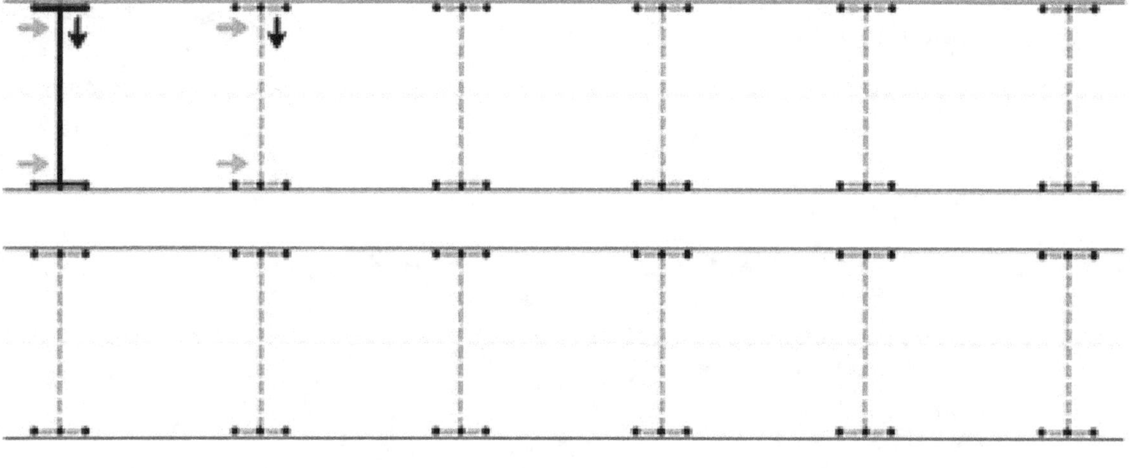

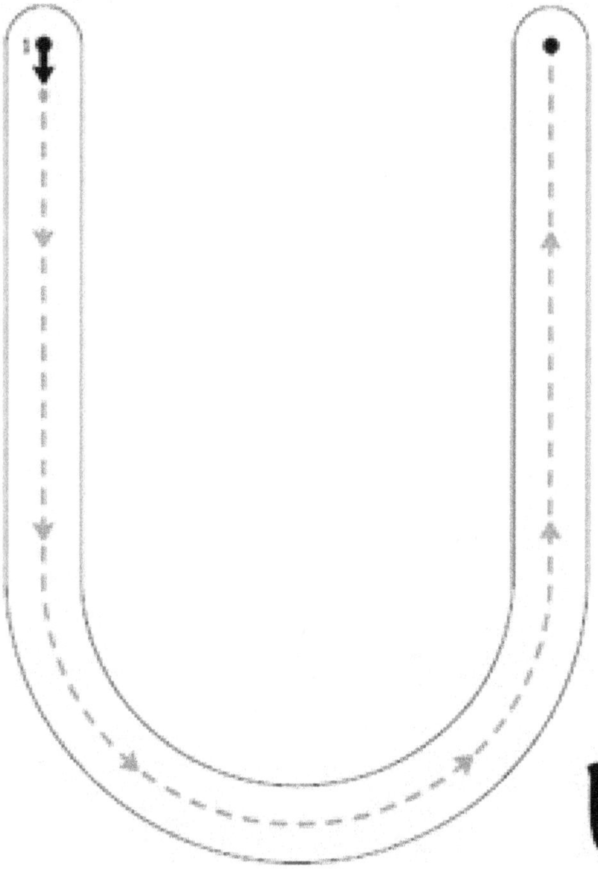

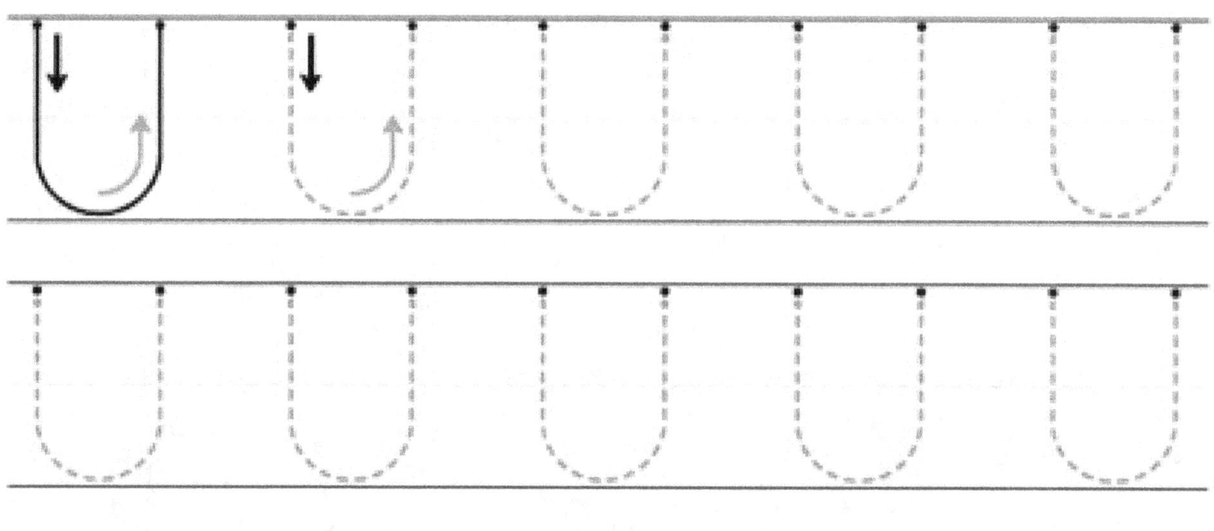

IS FOR
UMBRELLA

NUMBERS

1 2 3

4 5 6

7 8 9

10

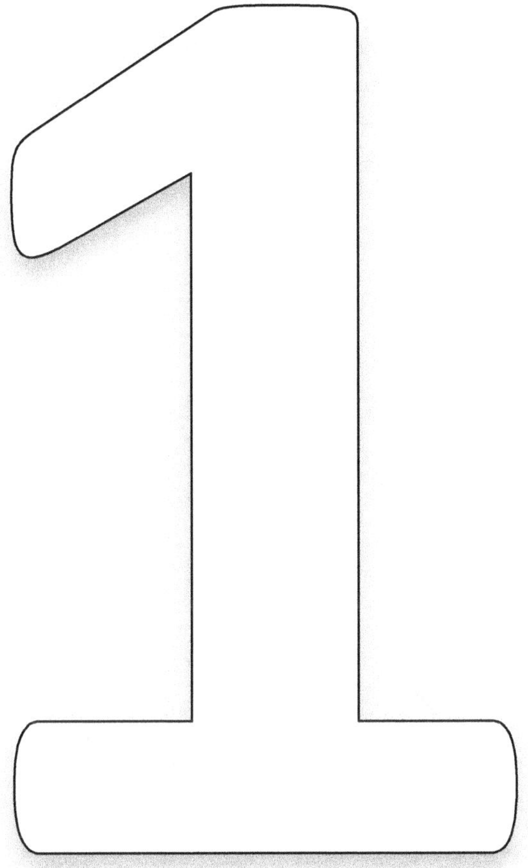

ONE

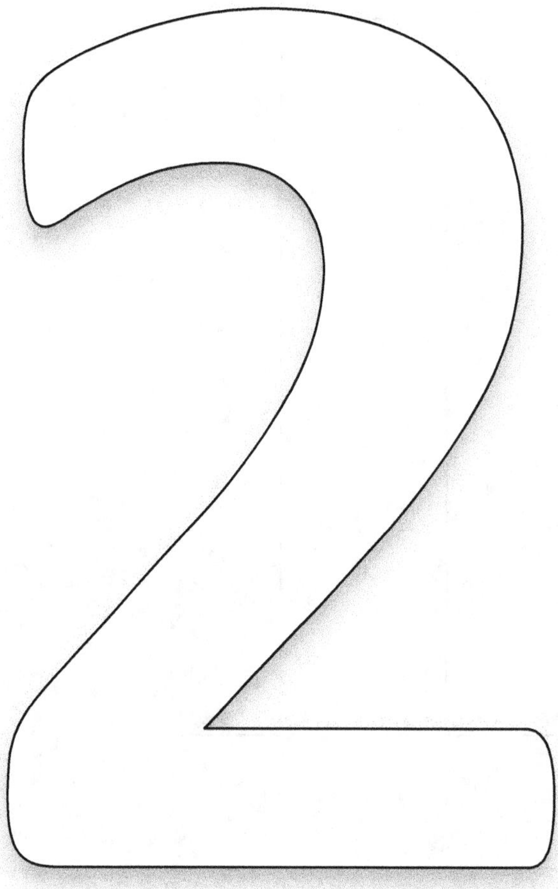

TWO

THREE

Four

FIVE

SIX

SEVEN

EIGHT

NINE

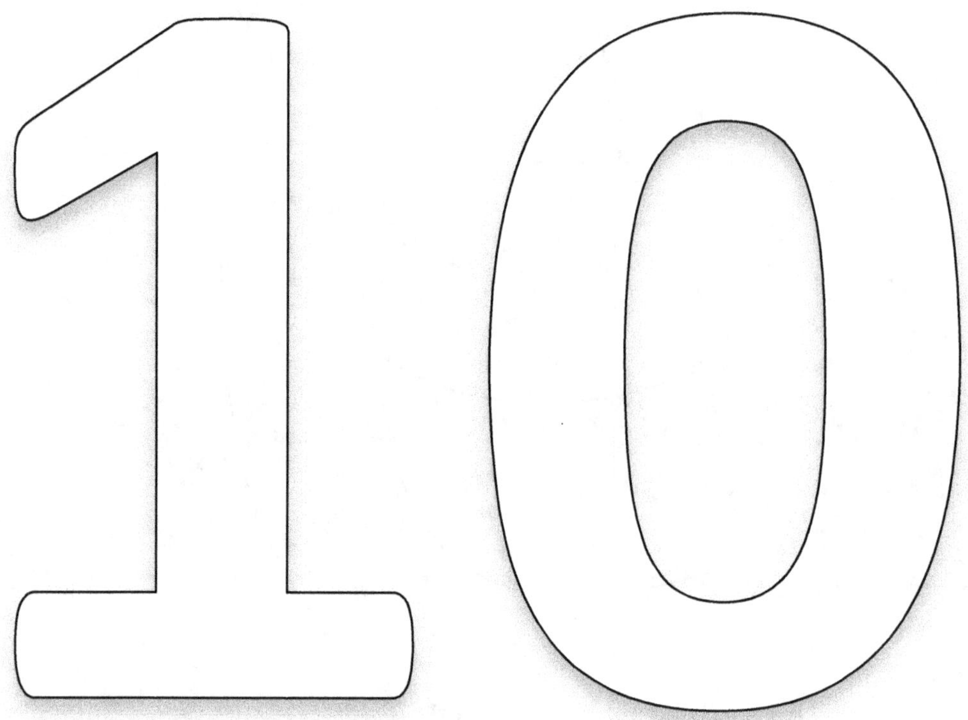

TEN

1

5

6

6

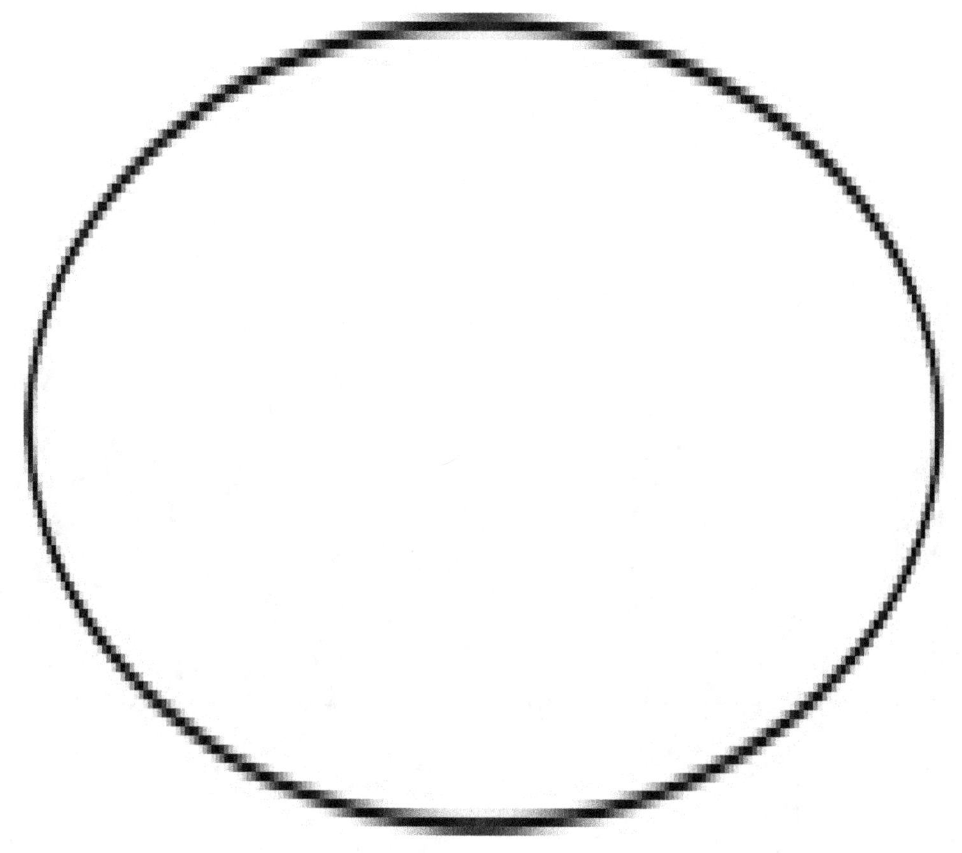

1 OVAL

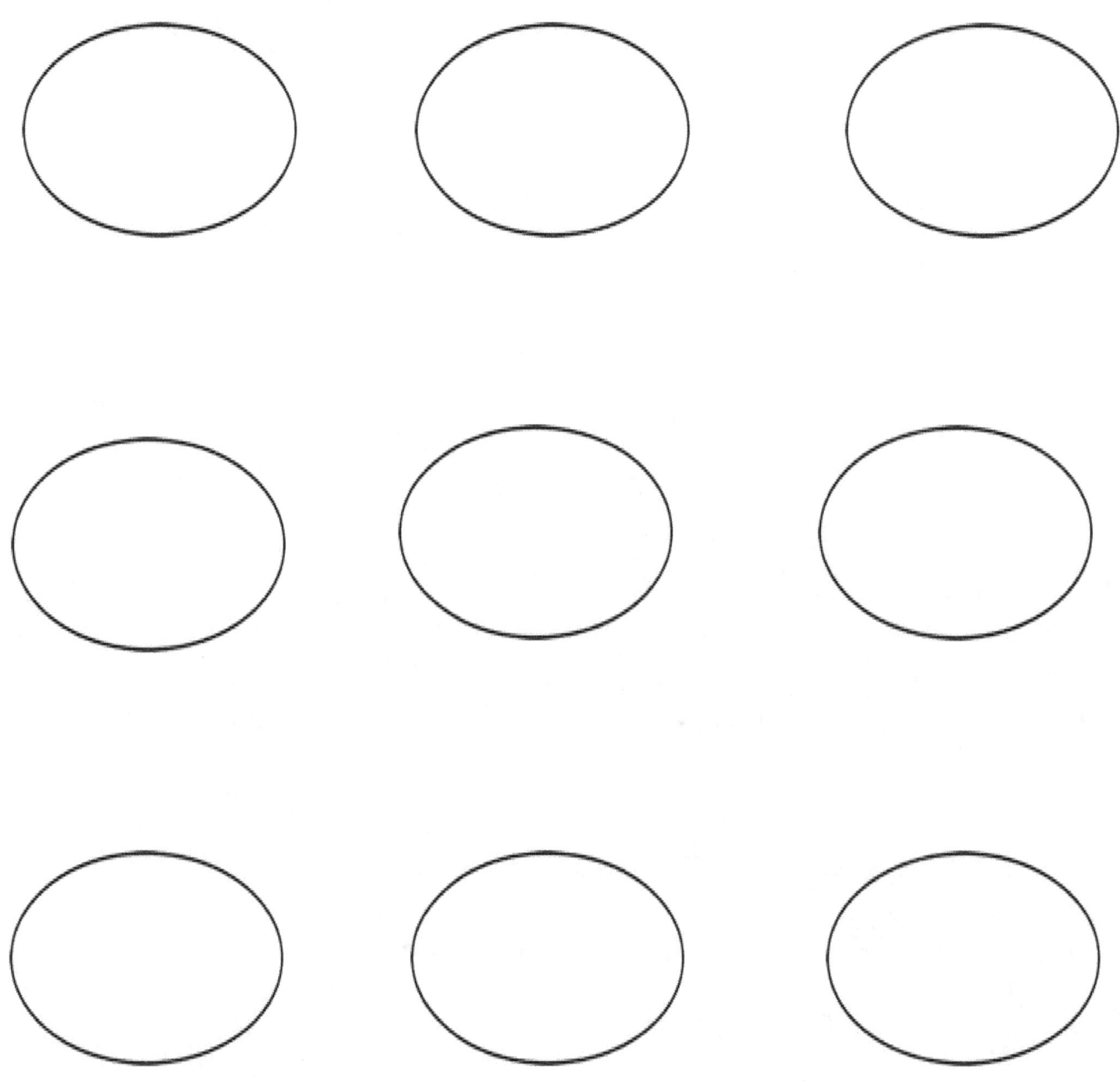

9 OVALS

1 SQUARE

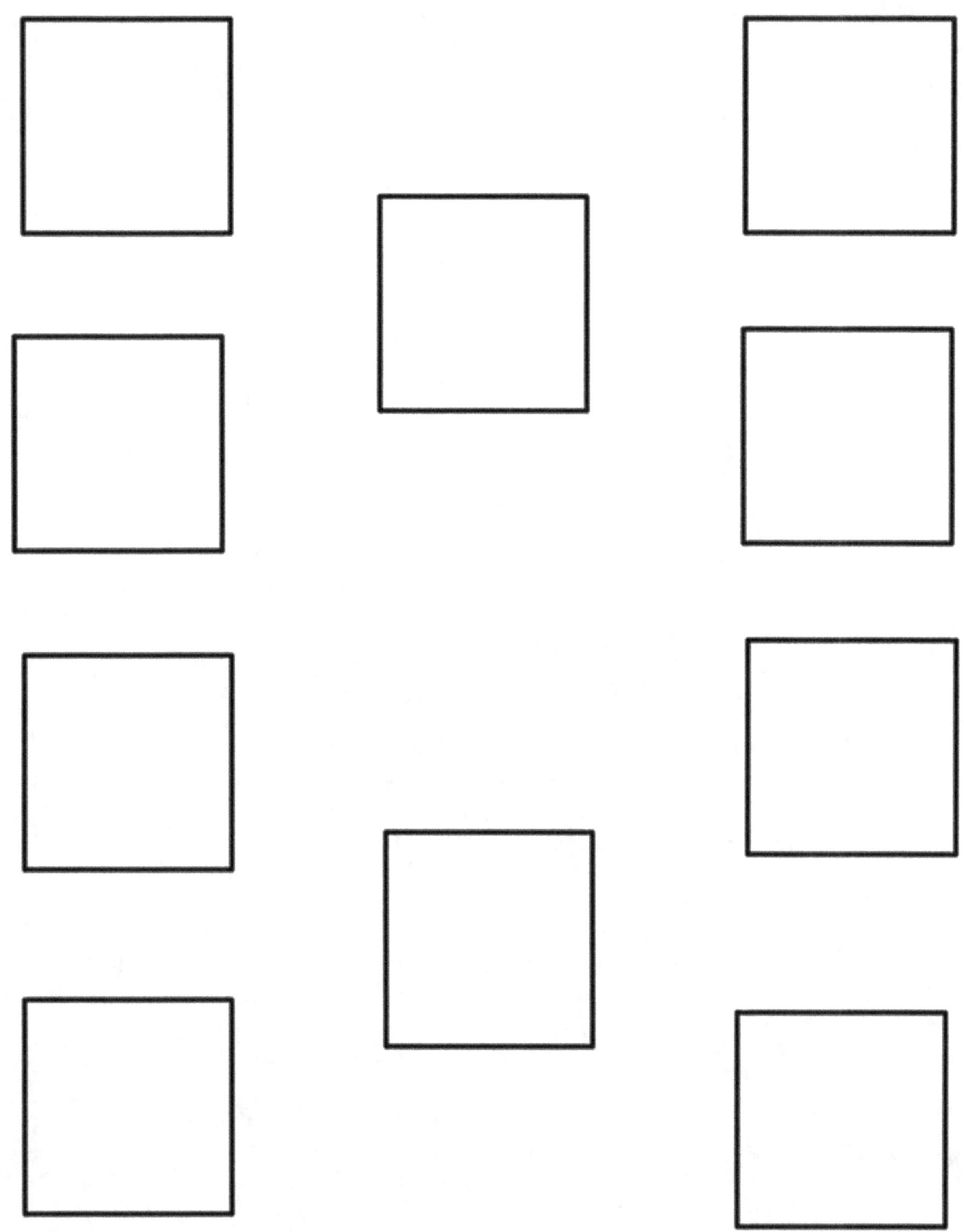

10 SQUARES

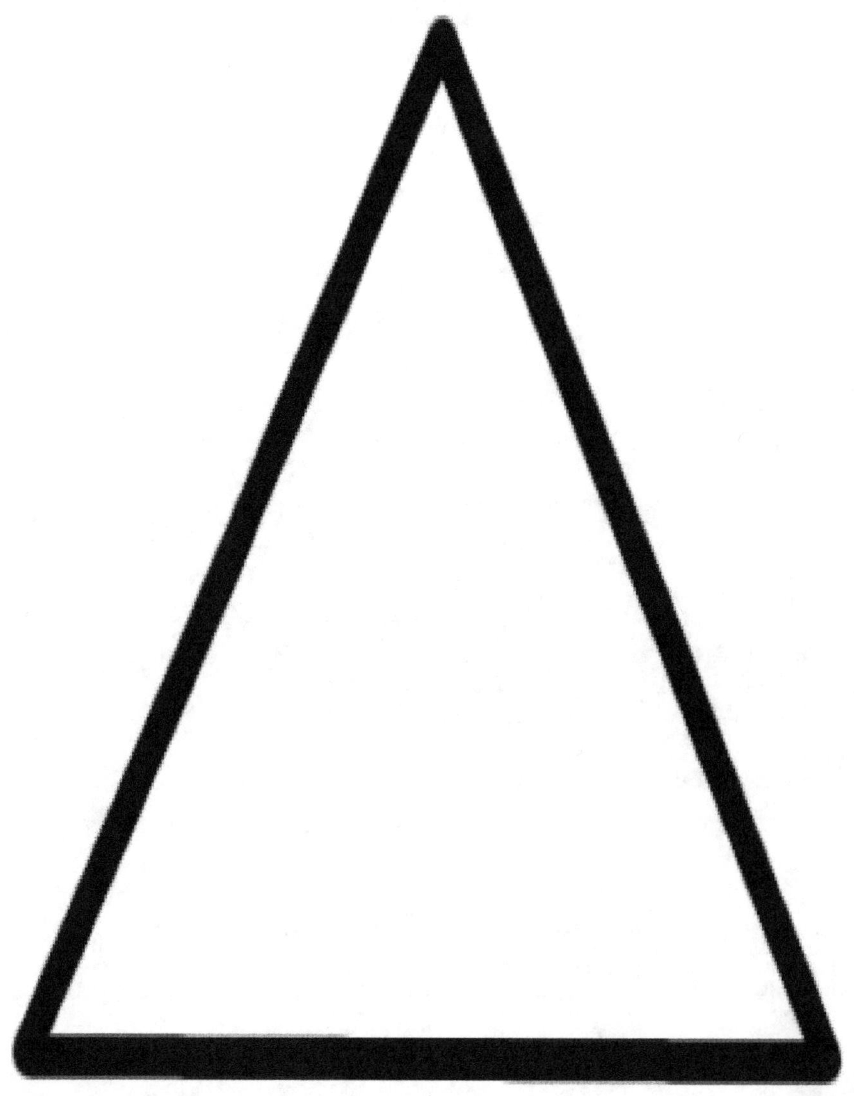

1 TRIANGLE

7 TRIANGLES

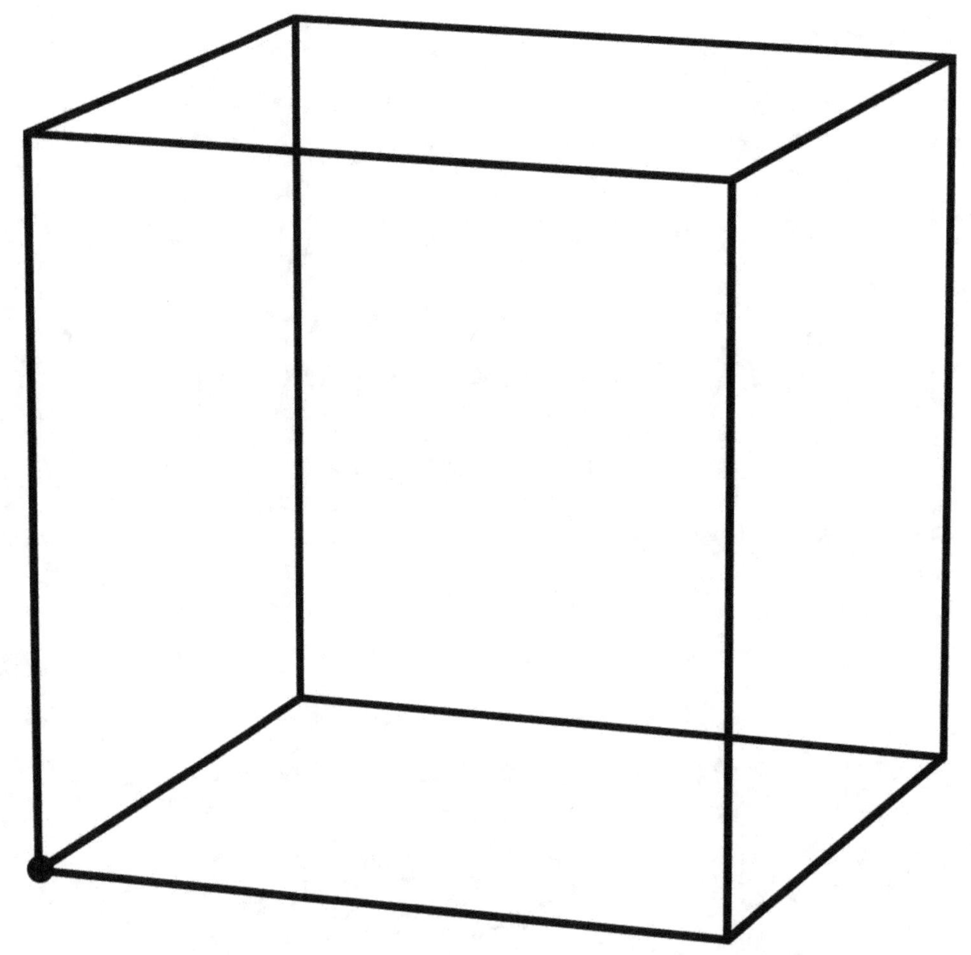

1 CUBIC

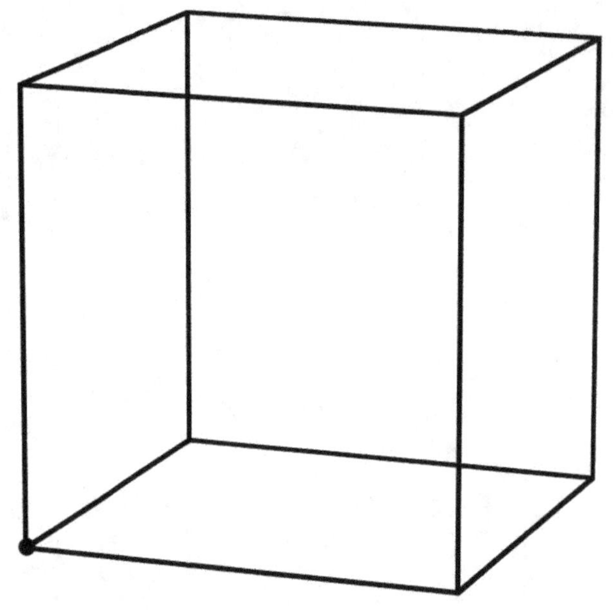

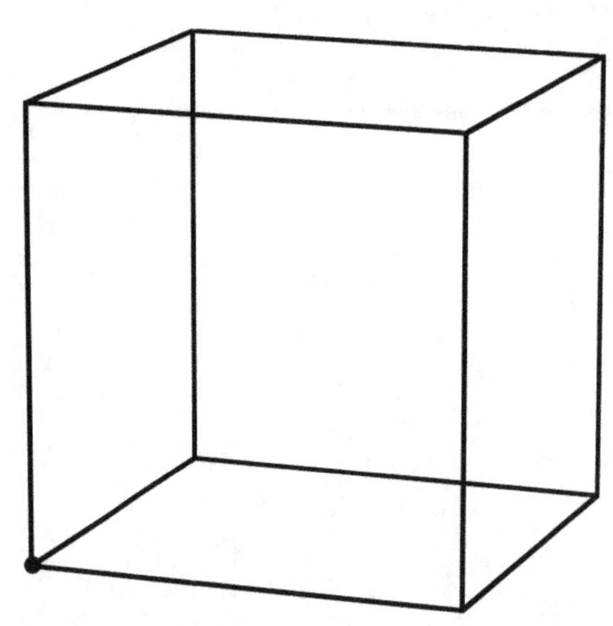

2 CUBIC

4 STAR

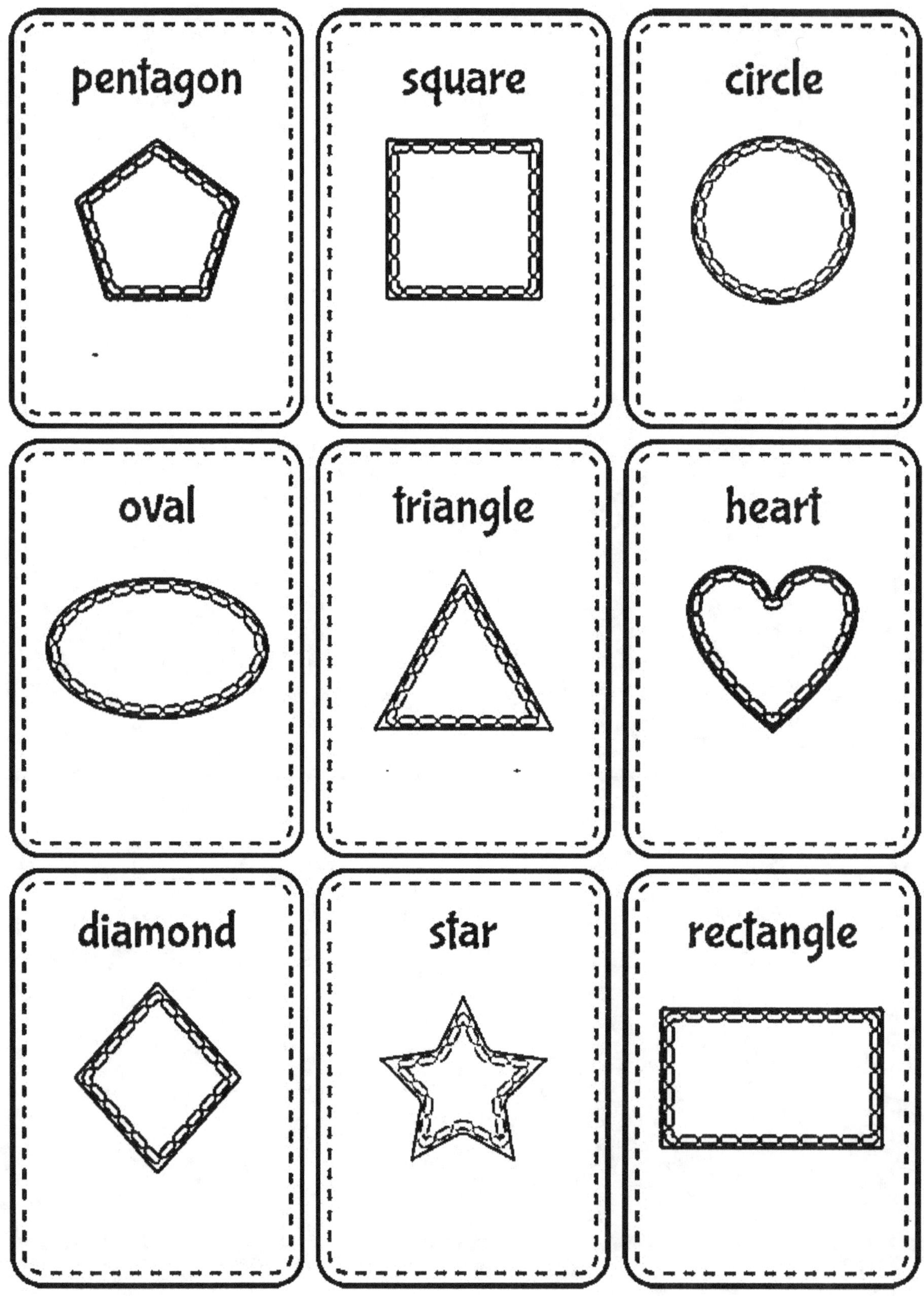

pentagon
square
circle
oval
triangle
heart
diamond
star
rectangle

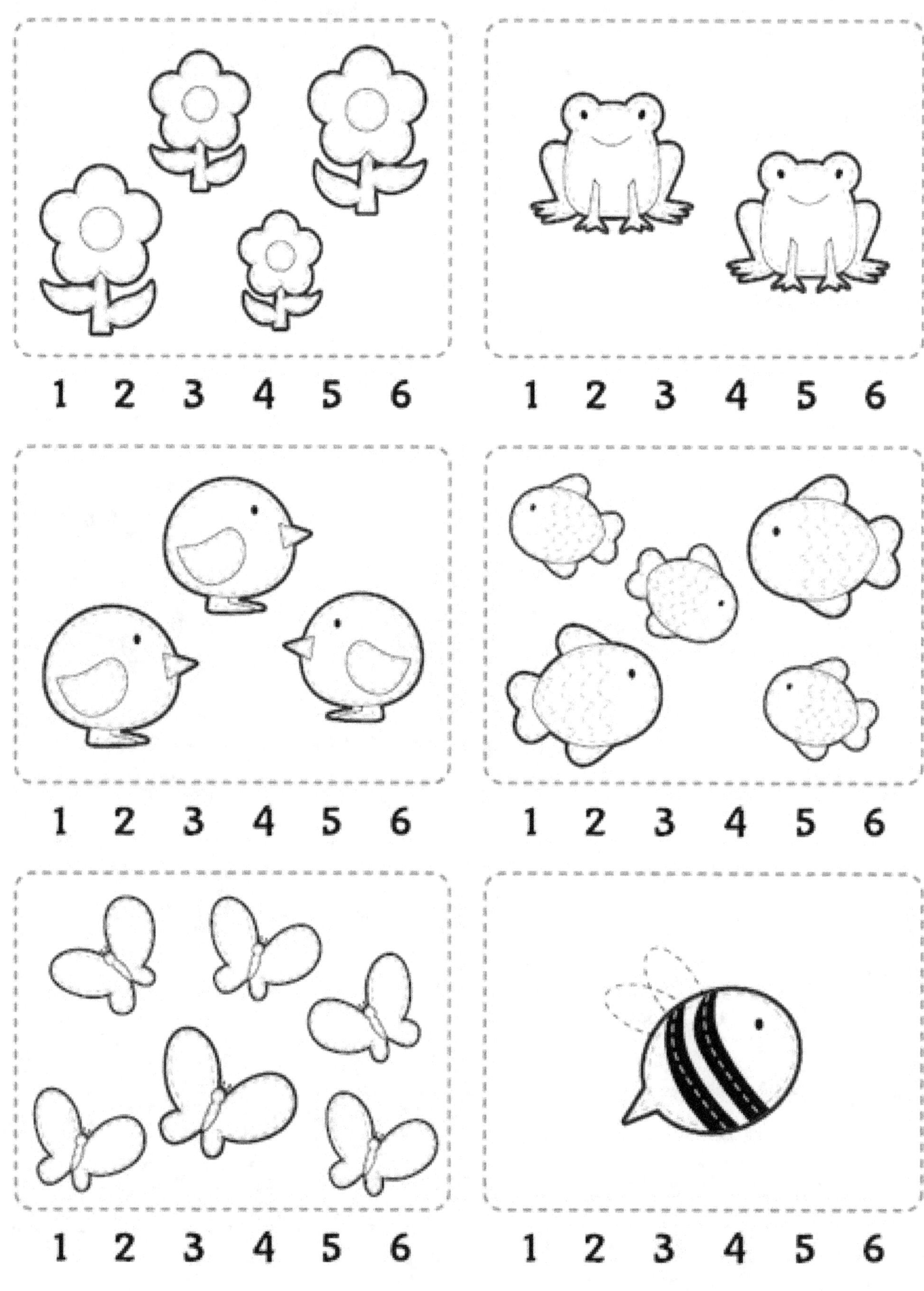

1 2 3 4 5 6
1 2 3 4 5 6
1 2 3 4 5 6
1 2 3 4 5 6
1 2 3 4 5 6
1 2 3 4 5 6

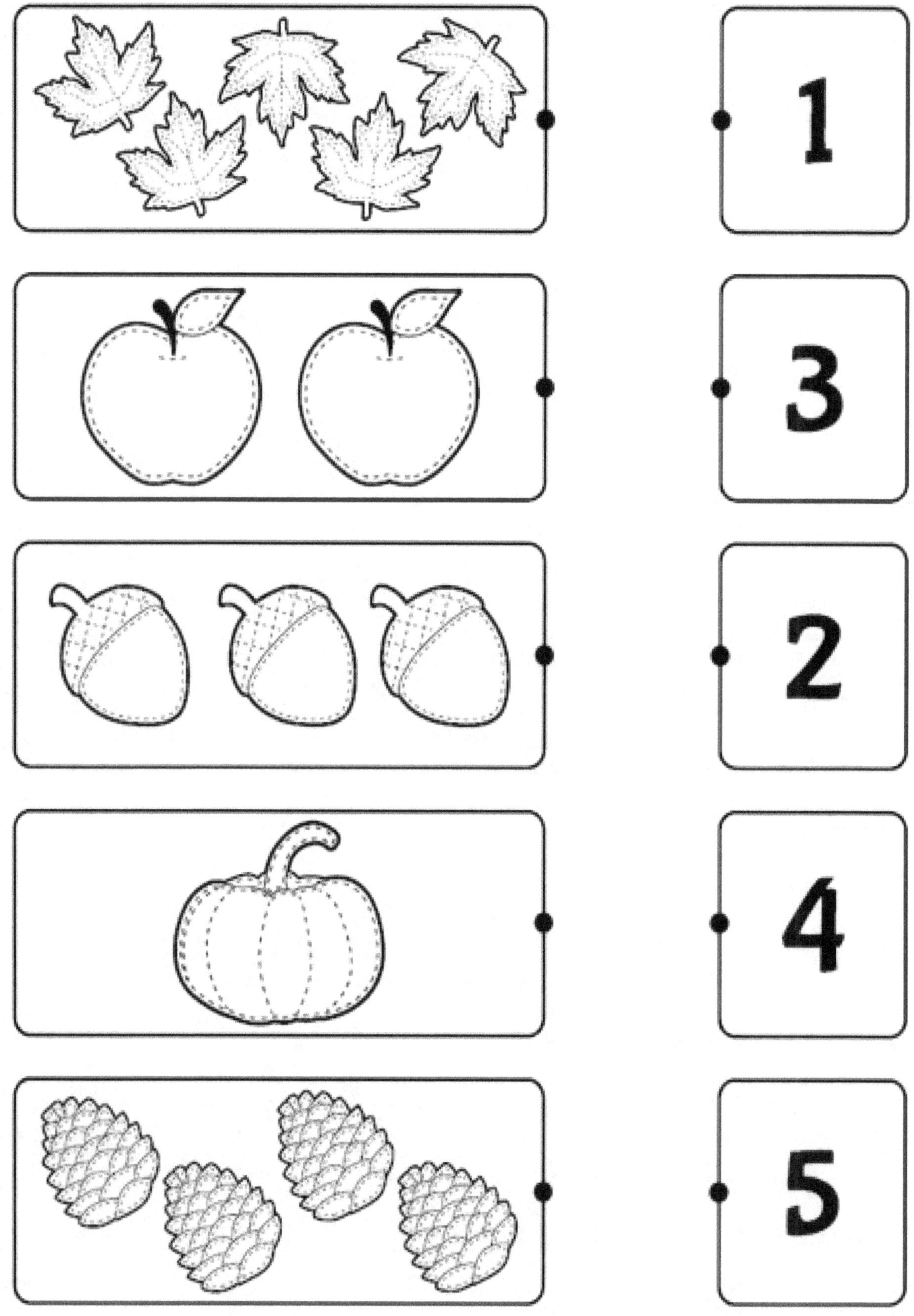

Dear Customer
if your little kid likes this coloring book, don't forget to buy other collections on our story (Neroine Collections)

Thank you

Visit Our
Website

https://neroine.com

www.ingramcontent.com/pod-product-compliance
Lightning Source LLC
Chambersburg PA
CBHW081414250726
48654CB00013B/1701